Lb 49.74.

INDEMNITÉ

DES

ÉMIGRÉS SYCIONIENS;

ANECDOTE GRECQUE.

PRIX : 1 Franc.

PARIS,

Chez { DEMONVILLE, Impr.-Libr., rue Christine, n° 2.
N. PICHARD, Libraire, quai Conti, n° 6.
DENTU, Libraire, Palais-Royal, Galerie de Bois, n° 265.
DELAUNAY, Libraire, Palais-Royal, Galerie de Bois.

1824.

INDEMNITÉ

DES

ÉMIGRÉS SYCIONIENS;

ANECDOTE GRECQUE.

Ceci n'est point un méprisable *ana* : on ne les connaissait pas dans ce temps. L'anecdote est tirée de l'un des plus grands et des plus honnêtes hommes de l'antiquité. Il la raconte à propos de morale, et dans son Traité des Devoirs de l'homme ou des Offices. Il est bon d'écouter quelques paroles qui précèdent.

« Les ambitieux, dit-il à peu près, qui,
» pour flatter et courtiser ceux-ci ou ceux-là,
» et se faire des partisans, portent une main
» sacrilége sur les biens, et dépossèdent les
» propriétaires actuels, ébranlent l'Etat et
» sapent les fondemens de l'édifice social. Ils
» font disparaître toute union et toute justice.
» Car, où peut être l'union, quand ce qui est

» donné à l'un est pris à l'autre? et où est la
» justice, quand chacun ne conserve pas ce
» qui lui appartient? Le propre et l'essence de
» toute société politique, grande ou petite,
» est que chaque citoyen possède librement
» sa chose, et sans crainte qu'elle lui soit en-
» levée.

» Les auteurs d'un pareil bouleversement,
» n'en remportent pas le prix et la faveur
» qu'ils imaginent. Ils se sont fait autant d'en-
» nemis à mort des propriétaires dépouillés,
» et les nouveaux enrichis leur sont médio-
» crement amis. Ces derniers cachent qu'ils
» aient voulu être gratifiés ; les autres ont
» l'injustice qui leur est faite, et dans le cœur
» et à la bouche. »

Voilà le principe : il faut que chacun ait et conserve le sien. Mais quand une première dépossession injuste a eu lieu, que faire? faut-il qu'une seconde dépossession injuste remette les choses dans le premier état? ou faut-il que chacun conserve encore le sien? voilà la difficulté. Le philosophe continue dans les termes que voici :

« On fait, dans des circonstances pareilles,
» un grand éloge du sycionien Aratus, et avec
» raison. La ville de Sycione, sa patrie, était
» opprimée depuis cinquante ans par des

» tyrans. Il part d'Argos, est secrètement in-
» troduit dans Sycione, s'empare de la ville,
» surprend et tue le tyran Nicoclès, rappelle
» six cents exilés, les plus riches citoyens de
» la ville, enfin rend, par son intelligence et
» son courage, la liberté à sa patrie. Mais tout
» à coup se présente une difficulté, qui sem-
» blait insurmontable ; ce fut pour les biens
» et les propriétés. Laisser dans la misère les
» exilés qu'il avait rappelés, et dont les biens
» avaient été confisqués, lui semblait une
» horrible injustice. D'un autre côté, tout
» bouleverser et revenir contre une posses-
» sion de cinquante années, ne lui paraissait
» ni juste ni possible. Pendant cet espace de
» temps, presque tous ces biens étaient passés
» à juste titre entre les mains des possesseurs
» actuels ; à titre de succession, titre d'achat,
» titre de contrat de mariage, titre de gage et
» hypothèque, et autres. Le jugement qu'il
» porta, fut qu'il ne fallait ni prendre aux
» possesseurs actuels, ni se dispenser de rendre
» aux anciens propriétaires. »

La décision est excellente ; mais l'exécution maintenant ! rendre aux uns, sans prendre aux autres ! L'auteur continue à raconter qu'il n'y avait que de l'argent qui pût arranger et conclure une pareille affaire ; qu'Aratus partit en ordonnant que toutes choses demeurassent dans le même état jusqu'à son retour ; qu'il se rendit auprès d'un roi d'Egypte avec lequel il était uni par les liens de l'hospitalité ; qu'il lui exposa ses vues et son dessein de faire acquitter à sa patrie une dette de conscience, de la garantir des maux qui la menaçaient, et de fermer les dernières plaies de la tyrannie ; que ce puissant roi lui accorda facilement le prêt d'une somme considérable d'argent ; qu'Aratus l'apporta à Sycione, forma un conseil des principaux citoyens, entendit avec eux les réclamations ; qu'on fit une évaluation approximative des propriétés ; qu'on donna aux uns les biens, aux autres l'indemnité et l'argent comptant, et qu'on parvint, de cette manière, à empêcher les citoyens de la même ville de s'entre-déchirer, et à rétablir la concorde et l'union.

Après avoir raconté cette histoire, l'orateur Romain s'écrie : « O le grand homme qu'Aratus !
» ô qu'il eût dignement occupé sa place parmi
» nos plus grands citoyens Romains ! Voilà
» comme il est juste d'en agir entre concitoyens !
» Ah ! ce Grec là tint (et il tint en homme sage et
» en grand homme), qu'il fallait songer à tout
» le monde. C'est l'idée et le secret d'un vrai
» citoyen et d'un habile homme d'Etat. Il

» prend et défend tous les intérêts, et n'en
» oublie ou n'en tranche aucun ; il arrange,
» accommode et concilie, et fait jouir tout le
» monde de la même justice. »

Malheur à qui ne partagerait pas l'enthousiasme du citoyen Romain, sur l'acte de justice exercé dans la ville grecque, et sur la paix maintenue entre des concitoyens. A cette lecture, mon esprit ne fut pourtant pas satisfait, et il me demeura quelqu'inquiétude. Ce voyage d'Aratus en Egypte, ce roi hospitalier qui l'oblige d'une aussi grosse somme! Tout cela me paraissait sentir l'allégorie. Et puis, comment la rendit-on, cette somme? car c'était un prêt. Il y a loin de ce récit aux mesures d'application et d'exécution, sans lesquelles rien n'existe, et auxquelles, par ce motif, les hommes de bon sens donnent surtout leur attention. Ces mesures mêmes devaient avoir été fixées par une loi. Quand le peuple Sycionien ne l'aurait pas demandé, Aratus était trop sage pour n'avoir pas fait déterminer précisément à l'avance les droits de chacun, se déchargeant ainsi de la responsabilité et de la rigueur de l'exécution, et fermant la porte aux sollicitations, aux faveurs personnelles, et à tous les autres abus des mesures abandonnées à la discrétion des personnes. Que n'aurais-je pas donné pour avoir le texte même et les dispositions de la loi ou du décret qui fut certainement passé à ce sujet dans l'assemblée du peuple de Sycione !

Je fis part de mes doutes et de ma curiosité à l'un de mes intimes, lequel est membre d'une société d'antiquaires et d'hellénistes ; je lui demandai, sans grand espoir, je l'avoue, s'il ne serait pas possible de consulter cette loi, ou au moins ses fragmens, tels qu'ils devaient résulter des anciens monumens.

Quelle fut ma surprise, au bout de quelques jours, d'apprendre de mon ami que mes soupçons et mes suppositions étaient vérifiés, et, si je puis parler ainsi, dépassés. Selon les Savans, « Cicéron n'avait pris que le fond du
» sujet : il l'avait brodé et accommodé en ora-
» teur ; il s'était écarté de la réalité, soit invo-
» lontairement et en se fondant sur de mau-
» vais Mémoires, soit peut-être volontairement
» et dans certaines vues politiques vis-à-vis
» du peuple Romain, ou vis-à-vis de l'Egypte
» et de ses rois. La paix et la concorde avaient
» été véritablement rétablies à Sycione, et les
» émigrés Sycioniens indemnisés : les monu-
» mens en restaient. Mais le récit de l'orateur
» s'écartait en plusieurs points et circons-
» tances notables ; par exemple, il avait mis

» le puissant roi d'Egypte à la place d'une puis-
» sance qui existait déjà dans ce temps, et qui
» n'a pas moins de trésors à sa disposition que
» les plus grands rois, puissance que les Latins
» appelaient *Fides*, et que nous appelons *le
» Crédit*. » Mais on verra assez tous les points
de dissemblance à la lecture de la loi. La curiosité de la société avait été également éveillée : elle avait péniblement ramassé, comparé, restauré les fragmens antiques de la loi Sycionienne, et mon ami m'en apportait obligeamment une copie.

Le plébiscite Sycionien, selon les Savans, fut passé le 3 du mois d'anthestérion, sous l'archonte Nausiclès.

On lit dans le préambule, *que tout ce dont les émigrés de Sycione ne seront point remplis par le présent décret, soit en capitaux, soit en jouissances, doit être balancé par les malheurs et les pertes immenses qu'ont éprouvés tous les autres Sycioniens sans émigrer, et enfin par la nécessité de s'accommoder à la seule chose possible, et à ce que demandent la paix et la tranquillité publiques.*
Les Savans antiquaires prétendent avoir trouvé dans les monumens, qu'il fallut toute la sa-

gesse d'Aratus et toute la puissance de l'éloquence de ce temps, pour faire entrer l'assemblée du peuple Sycionien dans l'esprit de ce préambule; d'un côté, les citoyens qui n'avaient pas émigré et qui portaient le poids de l'indemnité, trouvant que l'on faisait *trop*, et d'un autre côté les émigrés indemnisés trouvant que l'on faisait *trop peu*. Enfin, après maints mouvemens éloquens de tous les orateurs amis de leur patrie, on adopta les articles suivans :

ARTICLE Ier.

« Tous les Sycioniens, sur lesquels il a été
» confisqué et vendu depuis la révolution de
» Sycione, des biens immeubles, terres, mai-
» sons, bois, etc., pour cause d'émigration ou
» de condamnation, pourront réclamer comme
» indemnité : 1° une redevance ou rente per-
» pétuelle sur l'Etat Sycionien, égale à la moitié
» du revenu desdits biens au moment de la
» révolution, revenu constaté par l'estimation
» faite alors pour qu'il soit procédé à leur
» aliénation, ou à la moitié des intérêts du
» prix de l'aliénation, à leur choix; 2° et une
» pension viagère sur l'Etat Sycionien, égale
» à l'autre moitié desdits revenus ou intérêts
» de prix.

ARTICLE II.

» Si un émigré Sycionien est mort, ses seuls
» enfans et descendans en ligne directe, frères
» ou sœurs et enfans d'eux, pourront réclamer
» les rentes et pensions.

ARTICLE III.

» S'il a été acquitté par l'Etat de Sycione, des
» dettes d'un émigré Sycionien, il sera dimi-
» nué sur la rente perpétuelle et sur la pen-
» sion (sur chacune par moitié), une somme
» égale aux intérêts des dettes payées.

ARTICLE IV.

» Si les biens ont été directement rachetés
» de l'Etat de Sycione, par la femme, ou les
» enfans, ou une personne de la famille de
» l'émigré Sycionien, ou par un tiers qui aura
» agi pour la famille, de telle sorte, que cette
» famille possède les biens ou en ait disposé,
» l'indemnité cessera. Elle cessera également,
» si les biens ont été attribués à la femme
» personnellement, ou aux enfans, ou aux
» frères ou sœurs, neveux ou nièces, à titre
» de partage ou de liquidation, pour les rem-
» plir de droits de contrat de mariage ou de
» succession.

ARTICLE V.

» Si un émigré ou ses représentans jouissent
» déjà d'une pension sur la ville de Sycione,
» accordée depuis la fin de l'exil, cette pen-
» sion sera imputée sur celle à laquelle ils
» auraient droit pour les anciens biens.

ARTICLE VI.

» Les anciens créanciers de l'émigré Sycio-
» nien seront admis à réclamer leurs droits,
» nonobstant toute prescription ; mais seule-
» ment sur la rente perpétuelle, équivalant à
» moitié du revenu des biens. Ils pourront
» s'opposer, pendant une année à partir du
» présent décret, soit entre les mains de
» l'archonte Sycionien, de la situation des
» biens (les Savans disent que ces archontes
» répondaient en petit à nos préfets), soit
» entre les mains du grand receveur et
» payeur de l'Etat Sycionien (ce qui corres-
pond à notre ministre des finances). L'ar-
» chonte ne donnera son avis, et le grand
» receveur et payeur n'ordonnera l'inscrip-
» tion de la rente qu'à la charge de l'opposi-
» tion ; et elle sera inaliénable par l'émigré Sy-

» cionien, jusqu'après la levée de l'opposi-
» tion.

» Si quelques créanciers d'émigrés Sycio-
» niens n'ont pas été réellement payés par la
» ville de Sycione, à cause de quelque dé-
» chéance, ils recouvreront tous leurs droits,
» et pourront retirer leurs anciens titres de
» tous dépôts, ou y suppléer par des extraits.

ARTICLE VII.

» Si des émigrés de Sycione sont inter-
» venus dans des contrats de vente ou donation
» de leurs anciens biens, les sommes qu'ils au-
» ront reçues seront déduites de l'indemnité,
» pourvu quelles soient constatées par l'acte
» même. En aucun cas, les acquéreurs ou pos-
» sesseurs des biens ne pourront rien ré-
» clamer, nonobstant toutes subrogations con-
» senties par l'émigré dans tous ses droits.

ARTICLE VIII.

» A quelque époque que l'inscription de la
» rente sur le registre de la dette publique
» Sycionnienne et de la pension sur le re-
» gistre des pensions ait lieu, elle aura effet

» à compter du premier du présent mois d'an-
» thestérion. »

(Cette disposition, selon les antiquaires, avait pour but d'éviter l'encombrement des réclamations.)

ARTICLE IX.

» Pour obtenir sa rente et sa pension, l'é-
» migré Sycionien ou son ayant-droit, pré-
» sentera à l'archonte de la situation des biens
» anciennement possédés,

» 1° Les titres et pièces établissant son émi-
» gration ;

» 2° Ses anciens titres de propriété, ou des
» actes de notoriété en tenant lieu ;

» 3° Un extrait de l'estimation faite de la
» propriété, établissant son revenu, ou de l'ad-
» judication qui a eu lieu ;

» 4° Une déclaration que la propriété n'a
» pas été directement rachetée par lui ou par
» sa famille, et qu'il n'est intervenu dans au-
» cun contrat d'aliénation de ses anciens im-
» meubles ;

» 5° Enfin une demande, afin de fixation
» de la rente et de la pension à obtenir.

ARTICLE X.

» Dans les quinze jours, l'archonte ordon-
» nera la publication de la réclamation sur la
» place publique de Sycione, et la communi-
» cation de la pétition et de toutes les pièces
» au receveur du domaine Sycionien du ter-
» ritoire.

ARTICLE XI.

» Sur les observations du receveur, et sur
» la réponse du Sycionien, le conseil de l'ar-
» chonte (ce conseil semble avoir répondu à
» nos conseils de préfecture), d'après toutes
» les pièces produites, donnera son avis sur
» le montant des rentes et pensions à accor-
» der en indemnité.

ARTICLE XII.

» L'avis du conseil de l'archonte sera rap-
» porté, avec toutes les pièces, au grand
» receveur et payeur de Sycione : il véri-
» fiera s'il a été acquitté des dettes pour le
» Sycionien indemnisé, et s'il est inscrit sur
» le registre des pensions ; et après avoir fait

» les déductions légales, il ordonnera l'ins-
» cription aux registres de la rente et de la
» pension, sur la tête du réclamant, ou divisé-
» ment sur les diverses têtes de ses ayans-
» droit.

ARTICLE XIII.

» Le grand receveur et payeur de Sycione
» est autorisé à inscrire, cette année, au profit
» des anciens émigrés Sycioniens, des rentes
» sur le registre des rentes de Sycione, jus-
» qu'à concurrence de vingt millions de drag-
» mes ; et des pensions, sur le registre des
» pensions, jusqu'à concurrence de dix-huit
» millions. Il rendra compte, dans une année,
» en assemblée du peuple, du nombre des ré-
» clamations, et de la somme des rentes et
» pensions inscrites.

ARTICLE XIV.

» Sur les trente-quatre millions des an-
» ciennes rentes Sycioniennes déjà rachetées
» par la caisse de rachat des rentes de la ville
» de Sycione, il en sera brûlé vingt millions,
» lesquels dégrèveront le prochain budget
» Sycionien, et balanceront d'autant les trente-

» huit millions de rentes et pensions des
» exilés de Sycione.

» Proposé et soutenu dans l'assemblée du
» peuple de Sycione, par Aristonique de Sy-
» cione, et par Damagete du bourg d'Alisium. »

Voilà le *pséphisma* grec que je lus, restitué et remis en entier par la Société savante, d'après les inscriptions et fragmens tirés de je ne sais combien d'auteurs et de voyages, et cités au bas dans une infinité de notes, à l'imitation du Voyage du jeune Anacharsis. Les Antiquaires ressemblent à tout le monde : ils sont amoureux, non pas de ce qu'ils font, mais de ce qu'ils retrouvent. Ce décret était accompagné d'une longue explication, où les savans hellénistes, tout en s'excusant d'avoir peut-être mal rencontré certains mots propres ou techniques, ne tarissaient pas en éloges du décret antique. Je ne donnerai pas ce commentaire approbateur. Les Savans relevaient surtout dans ce grand acte de justice : cette simple faculté donnée aux émigrés Sycioniens, moyen de sortir d'embarras avec les esprits qui ne voulaient pas dans ce temps prendre en considération les malheurs de leur patrie, et ne reconnaissaient pas de milieu entre tout et rien : la nature des valeurs données, lesquelles avaient rendu inutile l'intervention des prêteurs et capitalistes Athéniens, dont il est tant parlé dans les plaidoyers de Démosthènes, et qui offraient leurs services, mais en les faisant chèrement payer : les droits éventuels d'une parenté éloignée et collatérale cédant aux droits directs et crians de la grande famille, qui est la patrie : une espèce de double emploi évité, à l'égard des familles Sycioniennes, déjà rentrées d'une manière quelconque dans leurs biens, ou déjà indemnisées indirectement par des pensions, et des bénéfices injustes, écartés d'une opération où l'on pouvait à peine suffire à ce qui était de rigoureuse nécessité : l'acte de justice s'étendant, non-seulement aux dépouillés, mais encore à leurs créanciers : l'État Sycionien, grevé le moins possible par les facilités du crédit : la publicité des réclamations éloignant les injustices relatives qui auraient pu être causées sur tel ou tel point du territoire Sycionien par un zèle indiscret pour d'anciens malheurs ; et cette même publicité, écartant jusqu'à la possibilité du doute sur l'exactitude des déclarations demandées aux exilés : les droits et la tranquillité des possesseurs actuels, partout respectés et assurés, jusqu'à ne pas approcher d'eux dans les mesures d'exécution, etc.

Je ne prendrai personne à la gorge pour le forcer de partager l'admiration des savans antiquaires. Je ne dis même pas que je me fasse illusion, et croie, comme eux, que tout ait été fini à Sycione, et toutes les difficultés levées et terminées au moyen de la loi. A peine me rends-je garant de la fidélité et de l'authenticité de l'ancien décret : je cite mon autorité. Une critique hardie ira peut-être jusqu'à soupçonner la Société helléniste d'avoir créé, à défaut d'avoir retrouvé, et de s'être laissé entraîner par certaines circonstances modernes : libre à la critique. Ceux qui soupçonnent l'imagination brillante de Cicéron, peuvent bien à leur tour voir soupçonner leur imagination savante. Je l'avouerai même : les rentes Sycioniennes, la caisse de rachat, et quelques autres circonstances, donnent je ne sais quelle physionomie bien jeune au décret Sycionien. Enfin chacun est libre, et portera de l'anecdote et des fragmens des Savans, le jugement qu'il voudra. Je ne fais que raconter ce que j'ai appris de l'indemnité des émigrés Sycioniens.

IMPRIMERIE DE DEMONVILLE, RUE CHRISTINE, N° 2.

www.ingramcontent.com/pod-product-compliance
Lightning Source LLC
Chambersburg PA
CBHW071449060426
42450CB00009BA/2357